Tilman Rademacher

Der Buchsommelier 2
Des Dichters Ferse

AF215256

Der Autor:
Tilman Rademacher, Jahrgang 1978, Schauspieler,
Theaterautor und Filmemacher (filmfuzzi.com) aus
Münster, Initiator der Foto-Satire "Münster morbid"

Tilman Rademacher

Der Buchsommelier 2

Des Dichters Ferse

BoD

ISBN 9783750420403

Nichts steht geschrieben.
aus: Lawrence von Arabien

I

prego

Überlies mich!

Kunst

Schönschrift

Das Stehrümchen

Easy writer

Des Dichters Ferse

Der Spatz

Schnee von morgen

Das abgenutzte Wort

Fließbandkunst

kleines Genie

Plagiat

Das nächste Gedicht

Vielleicht

II

Engelchen, flieg!

Kinderkreide

Sitz der Seele

Das Blatt

Brich mir mein Herz

The Return of the Spectacular Sparrow

III

Der ganz große Auftritt

Souffleur

I

prego!

sagte der Mann

leichthin

nahm ich es an

Überlies mich!

Geh mit deinem Blick
über mich wie mit einem Lappen
wisch und...

wenn das Buch zuklappt
bin ich, Tintenfleck
wie mit einem Happen

weg

Kunst

Die schönste Kunst
ist kein Superlativ

Sie ist nur einigermaßen
ganz hübsch nur anzusehn

Kunst findet man im Müll
am Rand von Straßen

Du siehst dann
Gleiches neben Gleichem stehn

Und schon so manches Idyll
ward im Leben nur verschlimmbessert
verhunzt

Und das ist diminutiv
jedoch nicht weniger
als Kunst

Schönschrift

In Schönschrift
stand ein übles Wort
gar herrlich anzusehn

Du standest staunend
still davor

Es forderte dich auf zu gehn
hat böse dich beschimpft

Du schnuppertest daran
Es hat die Nase nur gerümpft

-

Gekrakelt stand
ein schönes Wort
gar scheußlich anzuschaun

Du bist vorbei gegangen

Doch stand's nicht nur
es ging und rief dir hinterher:
Tritt, guter Mann
doch näher an mich ran!

Du bliebest stehn
Da schwieg's so schön

Du hast es mitgenommen

Jetzt siehst du's jeden Tag
auf deiner Fensterbank
gleich neben Pflanzen, Tand

und kannst es lächelnd
zu dir rüber sehn

Das Stehrümchen

Ein Stehrümchen wollte nichts
wollte nicht gefallen
tat nicht groß und tat nicht klein
wollte nur Stehrümchen sein

Stand nur, saß nicht, lachte nicht
ließ auch keine Träne rollen
wollte einfach nur nichts wollen

und gefiel so allen

-

Wie geht's, wie steht's?
Auf einem Bein!
Alles andre bleibt geheim

Als ein Prüfer es mal prüfte
und mit Lupe es beäugte
zuckte dieser mit den Schultern
wusste nicht, was es bedeute

Für was steht es und für wen?
Ach, lass es nur einfach stehn
Steht im Dunkel, steht im Licht
Steht nur da und steht

für sich

Easy writer

Geht dein Blick beweglich, stumm
mit den Zeilen oder ist es andersrum?

Wie geht der Sound des Wortgefechts?
Ein jedes Wort von links nach rechts

Eine kleine Kapelle spielt einen Tusch
Kaum hörbar macht dein Auge

„wuuusch...“

Des Dichters Ferse

Immer einen Schritt voraus
sind mir meine Verse

so dicht ich mir auch
auf den Fersen bin

die Verse sind schon da
und ich trotteliger Narr

schreib sie nur noch hin

Der Spatz
(Tschilp Fiction)

**- Auftakt zur Reim-dich-oder-
ich-fress-dich-Reihe -**

Ein Spatz fährt Dreirad
weil er von seinen Flügeln
nicht mehr zwei hat

Ein Spatz will groß, ein Adler sein
allein es fehlt an
Kralle, Aug, Gefieder

Was denkt sich so ein Spatzenhirn?
„Auch der größte Adler war mal klein!"

Da! aus dem Schnabel:
jäher Adlerschrei
fährt uns mächtig in die Glieder

Doch das ist nur ein Traum
Der Piepmatz tschilpt
Man hört ihn kaum

Schnee von morgen

Schnee von morgen
legt sich auf Gemüter, Halme

Blick hinauf zum Himmelssee
Alle Zeichen stehn auf Schnee

Schnee von morgen

legt sich bald auf
Erden nieder

und auf das, was einmal war
und die Luft wird rein und klar

Lärm der Zeit kommt zum Erliegen
Sorgen wiegen weniger
unter Weiß geborgen

Noch ist kein Flöckchen hier zerstoben
dennoch sind Gemüter, heiß
aus der Taufe fast schon neu gehoben

Schnee von morgen
legt sich auf Gemüter, Halme

und von weither
grüßt
die Palme

Das abgenutzte Wort

ist mir das liebste

Oft wurd es ausgespuckt
zerkaut und ausgespien
gestotterröchelt
ausgehaucht, entliehn
und immer fast
jedoch nur fast verbraucht

Du kannst es verzerren, beschmutzen
zerdichten, verbiegen

Dem Unkraut ist es gleich
heilig, hässlich, ärgerlich

und ganz gewiss
nicht tot zu kriegen

Fließbandkunst

Delle hier und da ein Riss
ins astreine Material
Kunst! steht dran und ist Beschiss
kostet viel, sieht nach nichts aus
in hoher Zahl wird produziert
die Hände reibt der Modezar:
seine Kunst für jedermann:
wertlos, aber unbezahlbar

kleines Genie

Na, du?

Großes Steinchen
kleiner Berg

Hast dich selbst erschaffen?
Bist du eines andern Werk?

Bleib nur immer klein

dass ein jeder dich
kann in die Tasche stecken

Hervorgeholt fällst du dann groß
in kleine Kinderhand

So kannst du Sehnsucht dann
nach wahrer Größe wecken

Das Händchen hält dich, Kostbarkeit
voll Frohsinn, Quietschvergnügen, Stolz

hält dich in Ehren
lässt nicht los

Du glaubst, du bist so winzig klein
und bist wahrhaftig groß

Plagiat

Zitatanfang:
Ich schreib von mir ab
Darin bin ich höchst begabt!

Dass ich von mir abgeschrieben hab
hab ich auch schon hingeschrieben grad
dass ich von mir abgeschrieben hab?

Plagiat!

Ist auch Gegenwart
nur Plagiat?
Von dem, was einmal war?
Es war einmal: das Original
Das hat sich selbst zitiert
Gebiert das Original Kopien nur?
Ist die Mutter des Zitats
nur ein Ur-ur-plagiat?
Ur-, Ur-, Ur-! Plag, plag, plag!
Wieder nur mich selbst genarrt!
Abgeplagt, abgenagt!

Mir egal!

Ich schreibe, wie es mir beliebt!
Ist denn alles, alles Plagiat?

Was, wenn hier was stünde
was noch nicht hier stünde?

Alles steht und nichts geschrieben
Ach, das Plagiat soll sich doch
zum Teufel, ur-originalgetreu
sich selber lieben!

Das *eine* Wort!
Das es so noch nicht gab!
Wenn ich's nur fände!

Ich geb's auf!

Ist denn in der Tat
alles nur
ein Selbstzitat?

Zitatende.

Das nächste Gedicht

steht auf der nächsten Seite

Vielleicht

vielleicht auch nicht

II

„Ich bin gekommen,
damit sie das Leben haben
und es in Fülle haben."
(Johannes 10, 10)

Engelchen, flieg!

Frühlingsatem, alles gedeiht
verheißt Leben, Reichtum
Leichtigkeit

Das kleine Mädchen
Haar und Kleidchen
luftig, lustig, leicht
im Wind

Warum?
Weil Kinder so sind

Verzückung, Erstaunen
schaukelhoch im Schwung
Im Spiel. Im Flug

Wie hoch will es hinaus?

Die Mutter ruft die junge Dame
Sie ruft: Mein Liebchen, mein!
Wer kommt in meine Arme?!

Flugbahnperfektion
Anmut. Ästhetik
Zeitlupenchoreografie

Blech, beschleunigt
so will es die Regie
und – aus.

Hatte der Kellner
im angrenzenden Café
den Espresso
nicht mit den Worten
„Und, bitte!"
serviert?

In der Küche
weißes, kostbares Geschirr
gnadenlos zu Boden klirrt

Es splitterfaserknackt
Der Korken von
der Schampusflasche knallt

Die Fontäne des Lebens
zeichnet sich
gegen das untröstliche Blau
des Himmels ab

Die Unschuldsknospe
liegt geöffnet

auf Asphalt

Im Restaurant
sehen Gäste von ihrer Speise auf
und auf den Tellern wird
das Fleisch schon kalt

Die Tasse in der Hand
Das Gefäß am Straßenrand

Inhalt schwappt
Und ein böser Geist
sich beim Gedanken
„Autsch!" ertappt

Aus edlen Gläsern Überfluss
Ende der Geschichte. Schluss

Ein fremder, warm-dunkler
Spritzer ging nieder
Das gute, reine, weiße Tuch:
über und über
besudelt
mit der Unschulds

ewig-dunkler
rätselhafter Signatur

So sah es aus
als Liebchen, klein
gen Himmel fuhr

So jäh endet Beginn
der nicht begonnen hat
hier endet alles Hoffen

Und als der Wagen steht
stehn Münder und Köpfchen offen

Das Gesicht der Mutter:
vor Schmerz entstellt

Und für einen   Moment
vergessen die Vögel
die Melodie ihres Gesangs

Im Café wird wieder
Neues bestellt

Kinderkreide

Kinderkreide an der Wand
Wer kann die Zeichen deuten?

Die Welt in Farbe
Kreidezeit!

Sehen lernen von den Kleinen
Aus grau wird bunt und Heiterkeit

Verwegen der Strich
Kühn der Farbe Wahl

Ist unsre Welt
in echt so schön?

Das Abbild unsrer Trauerwelt
wird wundersam erhellt
und der Sonne Strahl

trifft direkt
ins Gemüt

Wenn kleine Hände
zu den Stiften greifen

erblüht die Mauer, grauer Grund

Es winken Mann und Maus
und bunter Hund

jeder, JEDER Strich ist schön

Von kleinen Leuten
sehen lernen

Es steht die Wand
in lila Launen

Und wir stehen, sehen, staunen

wenn kleine Leute
uns das zeigen

was in uns war
noch immer ist

Kinderkreide in den Händen
zeigen uns, was Schönheit kann

nehmen allen grauen Wänden
ihren tristen, bl-öden Bann

Auf die Farbe, fertig, los!

Die Welt erblüht, das All wird weit!

Willkommen, großer Mensch, da oben!
Willkommen in der Kreidezeit!

Sitz der Seele

Seele, Seele
sag, mein Kind

sag mir, wo die Worte sind
die dein Heim beschreiben

Seele, Seele
Seelchen mein

will dich nicht enteignen
und auch nicht entleiben

will nur schreiben, schreiben
Tinte tunken, schwärmen

will mein flüchtig Dasein mir
und die Füße wärmen

Will nicht sehn mir auf den Grund
bin schon zu tief gesunken

will nur schreiben, schwärmen, tunken

Seele, Seele
wahrlich sprich

Seele, Seele
's wär zu schad

würdest du entdeckt

Wenn du's Schweigen brichst
so wär's Verrat

So nur kannst du Seele bleiben
und ich schwärmen, tunken, schreiben

Bleib nur immerdar Geheimnis
gerne bleib ich ungewiss

und lass mich, wenn ich
von dir sprechen will
nur schweigend oder schriftlich mich
ehrfürchtig vor dir verneigen

Seele, Seele
bleib, wo du auch immer bist

Lass dich nicht verorten, tracken
einzig sollst du immerdar
Neugier auf dein Nest erwecken

So sehr ich auch darum mag flehen
bleib nur bitte ungesehen

Verwisch die Spur
lass Fährtenleser, Philosophen
scheitern an Gedanken, Strophen

dass sie sich die Bärte raufen
bring die Kompassnadel zum Rotieren

Lass sie alle sich verlaufen!

Und an deiner Schönheit sich
laben und darin ersaufen

Seele, Seele
bleib versteckt

bleibe unter dem Radar
bleib nur immer unentdeckt
narre all die Weisen
lass jeden Zug mit dir als Ziel
furios entgleisen

Seele, Seele
sag, mein Kind

sag mir bitte, bitte nicht
wo genau die Worte sind

Aber sprich und führe mich
lass dich in mir nieder
und mein Glaube an dich sei
Nest, sei dir Gefieder

Halt mich, wenn ich droh zu stürzen
sorgsam sanft und fest
und lass mich, Pusteblume, fliegen

Auf Lebenszeit gelobe ich
dir, nur dir zu dienen

Seele, Seele
sag, mein Kind

sag mir, wo die Worte sind
die dein Heim beschreiben

damit ich mich selber find
und in mir darf bleiben

Das Blatt

Er steckt von Tag zu Tag im Loch
für immer und das ist recht lang

jetzt und jetzt, jetzt immer noch
ihm ist das Herze bang

Und doch
gibt's da ein kleines Loch im Loch
ein kleiner Spalt
der gibt die Sicht frei auf Beton
Gestrüpp, ein Stück Asphalt

Er ergraut
wird grau so wie der Stein
auf den er schaut

Er ist so alt
so furchtbar alt

So furchtbar war die Tat
die ihn hier eingemauert hat

Der Spalt, er würd ihn gerne rahmen
nichts passiert und dennoch ist das viel

In der Zelle laufen im TV
belanglos, lauwarm
dämlich Dramen

Die Tage sind gezählt

Das Loch lehrt Demut ihn

Er kniet sich tief dafür, nur um zu sehn
dass draußen nichts geschieht

Er sieht nur Stein und Licht
sieht so die Zeit, die flieht

Er lugt, er späht, er lauert
nach draußen
eingemauert, eingemauert

Er sieht hinaus
sieht auf die Mauer
und wenn er hinsieht
sieht er's noch genauer:
sieht nur auf
Mauer, Mauer, Mauer

Die Mauer steht
und spottet stoisch

seiner Existenz
mit einem einzig Wort

das Wort heißt:
sei!

Bis hierhin und nicht weiter
reicht sein Blick

Die Uhr macht Tick
es fehlt das Tack

Einmal - und das war schon Sensation! -
flog von links nach rechts ein Blatt!

Er dachte grad an nichts
war frei in Geist und Sinn

Da flog es! Ach, da flog es!
Flog nur so einfach hin

Jetzt kann er's nicht vergessen
er weiß es noch genau:

Er hat, wie eh und je
hier im Loch vorm Loch gesessen

Die Freude schwappte in ihm über
er war so aufgeregt! so wie ein Kind
ging hin und her und wieder hin

Das! war ein Zeichen!
Das wusste er genau

Doch irgendwann holte ihn ein:
der Bau, der Bau, der Bau

Er erinnert sich:

er sah, was er nicht hatt'
er konnte es nicht halten

das Blatt, das Blatt, das Blatt

Das Blatt spricht:
frei!

Die Mauer dröhnt wie immer:
sei!

Er hört, dass draußen
sich die Welt verändert
Käm er dort klar?

Er sitzt und sitzt
und fürchtet sich

vor dem Entlassungsjahr

Und doch ist Hoffnung da

Dann ginge er von links nach rechts
wie einst dies eine Blatt

Er hat das Warten ja so satt!

Und doch ist er beengt
wenn er an das freie Blatt
dort draußen, draußen denkt

-

Es kam das Jahr, es kam der Tag
da hing er hoch, die Glieder schlaff
und hatt' den Blick gesenkt

Man pflückte ihn und schnitt ihn ab
wie eine alte Frucht
die die Zeit vergessen hat
die sich zeitlebens
nach Erntehelfer und nach Gnade sehnt
nach Schwerkraft sucht
vergebens

-

Im Herbst, im Grab
lag er, ein Glück!
nun wieder eingeengt

Seine Seele indes ist frei und bunt
wie Laub im Wind, im Wind
Sein Freiheitstanz ist wie ein Kind
dem man das Spiel erlaubt

Jetzt ist er frei und fort
getreu dem einen Wort
das ihm das Blatt geschenkt

Brich mir mein Herz

Brich mir mein Herz
denn dafür ist es da

Tu mir weh!

Komm, sieh mir in
mein Auge: tiefer See

Ein neuer Frühling, neues Jahr
vergangen auch der nächste Schnee

Hör nur, wie es bricht!

Er tut so schön so weh:
dein Tritt in meine Brust
dein Schlag in mein Gesicht

Das Brechen meines Herzens
wird mir zum Auftakt neuer Sinfonie

Vergifte auch mein Blut
ich selber trink davon
es schmeckt so gut wie nie

Brich mir mein Herz
und sieh, was innen ist:

nur ich und du

Es gibt kein and'res Himmelreich
als dich und deine Haut

Es gibt nur dich, unendlich weich
du, Freundin, bringst den Tod, vertraut

-

Brich mir mein Herz
Und sieh als Strafe zu

The Return of
the Spectacular Sparrow

Der Spatz fährt immer noch Dreirad
weil der Dichter gerad
nichts anderes parat hat

to be continued...

III

Der ganz große Auftritt

Der Künstler lässt

auf sich warten

Das Publikum hustet, raschelt
sucht nach Sinn in Eintrittskarten

Doch dann
Ta-da! Tamtam!

betritt die Bühne:
er

sieht dir ins Gesicht
bedeutungsschwer

Eine Sekunde
Zwei Sekunden
Famos!
Drei und vier und länger!

Wasn los?
Hat er'n Hänger?

verneigt sich knapp
geht wieder ab

Stille

Münder gehen sprachlos auf

Eine Sekunde
Zwei Sekunden
Drei und vier und länger!

Der Künstler greift sich
flugs die Gage
ist davon im Dauerlauf

Es staunet der Theatergänger
Also! So was! Unerhört!

Tja, manch ein Auftritt ist zu lang

Der Künstler
steht schon an der Theke

wo er hingehört

Souffleur

Ich hab 'nen Souffleur
den ich kaum hör

und dem ich dennoch
hörig bin:

Geh nach links!
Bei grün halt an!
Rempel jetzt das Kind da an!
Find in allem keinen Sinn!
Wo bleibt, fragst du, die Moral?
Die zeig ich dir!
Hol raus dein Glied!
Piss an den Laternenpfahl!
Aber nur wenn's jeder sieht!

Streck im Zoo die Hand in das Gehege!
Sei dem Notarzt stets im Wege!
Los, hab Spaß!
Siehst du diesen Rentner da?
Gib Gas!
Vor allem aber: Lächle nie!
Da! Die Sonne! Blinzle nicht!
Sieh hinein!
Oh, wie schön!
Wie schön ist sie!

Zieh den Stecker!
Streichle Bären!
Hast ja Hände, dich zu wehren!
Stell für morgen früh
um dich zu ärgern
(ausnahmsweise)
früher deinen Wecker!
Fahr auf Autobahnen links den Trecker!
Sprich mir nach:
Chaos! Party! Anarchie!
Mach die Nachbarskatze tot!
Mach es tot, das blöde Vieh!

Verkleide dich!
Sei niemals du!
Lutsch das Kaugummi vom Schuh!
Jaul auf allen Vieren an den Mond!
Bestiehl den Bettler, wenn's sich lohnt!
Betritt mal nackt die heil'ge Messe!
Hau dem Bullen auf die Fresse!

Schieß mit Spatzen auf Kanonen!
Lass ihn fliegen deinen Drachen!
Hör niemals auf, dich auszulachen!
Mach nur das, was ich diktiere!
Nimm ein Sonnenbad und friere!

Nimm gegen deinen freien Willen
dreimal täglich meine Pillen!

Sei rot, sei grün, sei feige, kühn!
Lass im Winter Blumen blühn!
Suche sinnlos deine Seele!
Geh dem Metzger an die Kehle!
Tu nur das, was ich befehle!
Besuch die Tante aufm Friedhof
Sag, sie war schon immer dumm!
Grab des Nachts die Gräber um!
Leg zum Spaß dich auf die Schienen!

Liebe Grüße!
Dein Souffleur

Womit kann ich heute dienen?

Der Platzanweiser

Er stand galant allein im Saal
die leeren Plätze in der Überzahl

Gerade noch war volles Haus
jetzt ist die große Show zerstoben, aus

Geruchsgemisch steht noch im Raum
inmitten roter, plüsch'ger Garnitur
steht unser Mann
von Pieps und Pups kaum mehr die Spur

Was wurde hier gekämpft, geliebt!
Die Plätze stehn in Reih und Glied

So lauscht er selbstvergessen
in den Saal hinein
den Tönen und der Stille nach

Das ist für ihn der heiligste Moment
wenn nur er selbst sich atmen hört
und das Schildchen für den Notausgang
das ew'ge Licht

hoch oben
leise flackernd brennt

Showbiz

So wenig glamourös
bist du

Du stehst
so müde, abgeschminkt
die Welt ist monoton

Du verneigst dich
stehst bescheiden

Ja, du bist wer!
Doch wer bist du schon?

Erntest heut Applaus
und morgen Hohn

Im Spotlight sehn wir allzu gut
deine Fehler, die auch unsre sind

Wir sehen gradewegs
in unsren Widerschein
ohne Spiegel, ungeschminkt

Verbeug dich nicht zu tief
dass du nicht fällst

Doch wenn du fällst
fall heiter

Richtig Scheitern ist die höchste Kunst
und nur das bringt weiter

Hey, Gesichtsvermieter
alter Spieldarbieter
Profi-aus-der-Wäsche-Gucker
du gelernter Sätze-Spucker

Du opferst dich
allabendlich

Du stehst im schönen Schein
tagaus, nachtein

Du hebst gekonnt dein linkes Bein
und erntest tosenden Applaus

Die Euphorie reißt fette Ärsche furios
von ihren Sitzen hoch
Tumult bricht los

Doch das ist Fantasie
ist Wunschgedanke nur
müde Minen schielen heimlich
nach der Uhr

In der Pause
stehst du im Hinterhof
es riecht nach Kohl
zertrittst die Fluppe mit dem Schuh
nicht mal Ratten sehen dir noch zu
du fühlst dich seltsam hohl

Szenenapplaus!
Sieg! Hurra! Triumph!
Du hörst den Beifall
doch du hörst ihn
nur noch stumpf

Schon in der letzten Szene
denkst du nur ans Eine:
Ach ja, Altpapier und Restmüll
müssen heut noch raus

Und fürs Tellerspüln daheim
spendet niemand dir Applaus

Mäntel, Hüte, Umhang, Schal
hängen wortlos und geduldig

Die Klamotte auf der Bühne
neigt dem Ende sich im Saal

Hut und Schal, die ganze Zier
warten auf der Stange
harren Mantel-, Hut- und Schalentier

Müde Hände müder Menschen
klatschen schmerzend
ohne Rhythmus aufeinander

Das Publikum, im Leid vereint
erduldet's Spiel, versteht auch nicht
was der Autor mit dem Käse meint

Zum Ende noch ein kleines Drama:
wer bekommt zuerst den Mantel?

Verwünschung, Gift und Unmut
und Gegrantel

Die Kunst war alles
nur nicht entartet

Und schon wieder kein Skandal

Die Show ist aus

Die Straße wartet

Das Spielspiel

Bin's und bin's nicht!
Sauseschritt!
Mit Jedermanns Identität
kommt niemand wirklich
jemals mit

Es reicht ein Blinzeln
mit dem Augenlid
grad nicht aufgepasst
schon bin ich du
und schon herrscht Krieg
um meine, deine Indentität
weil du gerne machst
was ich doch gerne tät

Spiel dich, der mich spielt
pingpong mich dir zu
schmink mich ab
und hinter aller Schminke:
du

Nicht viel weniger als viel
steht hier heute auf dem Spiel
Auf dem Spiel steh ich

Ich spiel, als würd ich
gar nicht spielen
spiel so spielend leicht
Bin ich ich?
Ganz sicher, nicht?
Und dennoch immer
nur vielleicht

Egal, wie nah ich mir
auch komme, ich bleibe
immer unerreicht

Und du?
Dich gab's doch schon!
Bist nur Nuance, Variation
Nur mich, mich, mich!
gab's so oder ähnlich
noch nicht, nicht?

Ich bin der, der
so tut als ob
er jemand anders wär
und hopp!
wird aus dem Lausebub
ein ält'rer Herr

Ich spiel
das alte Spielspiel neu
bleib nur dem Wechsel
launisch treu

Ich spiel es gut
ich spiel's für mich
Und wenn ich falle
fall ich in dich
Und all die Male
die ich fiel
erkannt ich:
Ach, ich spiele uns
spiel alle
nur nicht mich

Es steht so wenig
auf dem Spiel

Auf dem Spiel steh ich

Und ich
Held, tragische Figur
ich, jedermann
spiel so facettenreich
und bleib doch
ausdrucksarm

Bin
in tausend Farben
schillernde Attrappe
und tappe nur

als gäb's mich nicht
als wär ich jeder
nur nicht alle

ganz spielend leicht
mir selber in die Falle

Warten auf

Er wartet immer, immer schon
auf Wladimir und Estragon
Er wartet jetzt, er wartet hier
auf Estragon und Wladimir

Der Bote, er läuft hin und her
wer erwartet wen und wen hier wer?

Die zwei stehn dämlich nur herum
Godot vom Warten alt und krumm

Doch dann das Urteil und die Tat:
zu elendig dies dauernde Gewarte
Wir holn uns für den Rummel
na, was wohl, eine Dauerkarte!

Godot indes geht in den Zoo
füttert Gnu, Gans, Känguruh
vom Jahrmarkt schallt es laut
Juhuu!

Zum Zeitvertreib nimmt sich der Alte
heimlich einen Affen mit
Dunkel wird's, dann wieder hell
Wladimir und Estragon:
fahren endlos Karussell

Und auch der Affe treibt es wild
Zieht Godot an seinem Barte
Godot, vergnügt:
Hoho! Na, warte!

Ihr aller Leben endlich sinnerfüllt
Vor Freude sind sie alle froh

Wladi und Estragon
und selbst Godot

Godot to go
(Didi, Dodo und Coco)

Didi huscht ganz eilig noch
auf das Bahnhofsklo

ruft zu Dodo:

Schnell, bestell doch
ein' Godot für zwei to go

Dodo kratzt sich Kopf und Bauch
und er denkt sich: Scheiße auch!

Jetzt wart ich hier auf zwei Halunken!

Fast hätte er die beiden Becher
ganz für sich allein getrunken

Neben Didi aufm Klo:
ein Mann, der riecht

nach „Mademoiselle"

Didi in die Nase kriecht:
Parfum / made by / Coco Chanel

Dodo in der Bahnhofshall
kauft für's Willkommen
für's große Hallo

– nur für den Fall –

einen Strauß
Les Fleurs du Mal

Didi auf dem Pissoir
knutscht mit der Frau
die männlich war

Er ist betört von ihrem Duft
Und Dodo draußen „Didi!" ruft

Dodo in der Bahnhofshalle
zählt Besucher und zwar alle

Besucher gibt's genau hier zwei
Und Dodo denkt sich: Was ne Schei...!

Denkt bei sich: werd ich hier alt?
Kommt Godot
kommt Didi bald?

Und schon wird
der Kaffee kalt

The Big Tschilp

Der Piepmatz
macht Rabatz!

Macht auf dicke Feder
So hört ihn wirklich jeder

Ach, zu laut!
Denn jetzt tritt auf
ein andres Tier

Und das miaut

to be continued...

Hinter den Kulissen

Hinter den Kulissen
gibt es keine Träume mehr

Hinter den Kulissen
sind alle Räume traumlos, leer

Am Lieferanteneingang klopft
die neue Ware
Was steht auf dem Lieferschein?
„Darf ich bitte, bitte rein?"
Vorne plärrt ein Hamlet:
„Sein...!"

Vor den Kulissen
schauts Publikum auf all den Tand
mit Kennerblick durch luft'ge Wand

Und ganz außen, da am Rand
zündelt ein verwirrter Intendant

Der Spieler vor dem Publikum
hampelt hamletmäßig rum

Vor den Kulissen
fällt dem Publikum
das Glauben schwer:

Ist das noch Theater?

Es riecht so echt
und nicht nur bloß
so ungefähr

Und hinter den Kulissen?
Stehen weitere Kulissen noch

Das Theater samt
verkohlten Leichen
noch wochenlang
nach echtem Zauber roch

Hinter den Kulissen
der Kulisse
blitzt neues Licht
durch alte Risse

Das Heim der Komödianten

Es gibt ein Heim
für alte Komödianten, Witzfiguren
abgeschoben, ausrangiert
Man hört kein Lachen auf den Fluren
nichts und weniger als das passiert

Es gibt ein Heim
für alte Komödianten
für alle Ausgelachten
Ausgebrannten

Es riecht nach alten Witzen
abgestandenen Pointen
Soll so das Lachen enden?

Die Lage ist ernst, der Zustand ist kritisch
an trockenem Humor verschluckt man sich

Früher brachten sie
ihr Publikum
zu allen Arten von
Haha, Hoho, Hehe, Hihi

und sitzen nun versteinert, stumm
auf witzlosen Furzkissen rum

Ein Klinik-Clown schminkt sich
das falsche Lachen ab
denkt sich: Na, gute Nacht
und hat sich später dann
mit Lachgas umgebracht

Rohrkreptierten Witzen gleich
hängen sie in ihren Sitzen steif

Die Not ist groß
Der Witz ist flach
Sie sitzen alle
unter einem Dach

Der Bestgelaunte hier ist
ein miesgelaunter Pfleger
ohne Sinn für Komik und Humor
der setzt den Alten als Speise
fade Trauerklöße vor

Das Lachen früherer Tage
ist im Halse stecken geblieben
sorgt nur noch für kränkliches Röcheln
und selbst der größte Flachwitz noch
reicht nicht mal bis zu den Knöcheln

Doch plötzlich bricht
- wo kommt es her? -
ein Kichern los, steckt alle an
und hört nicht auf!

Es ist ein einzig
Weinen, Schreien!

Oh, wie das schmerzt!

So hat das Leben
sich's verscherzt

Und endlich geht
- so muss das sein! -
das ganze Heim
vor Lachen drauf

IV

Das unerhörte Gebet

Herr, sei, gib, nimm
alles nicht so schlimm

Wieso darf ich meinen Nächsten
nicht zur Hölle wünschen, prügeln?

Wohl aber darf Knitter ich
aus den Hemden sorgsam bügeln

Mein Gewissen muss ich bleichen
Herr, um *was* jetzt zu erreichen?

Komm schon, nur ne kleine Pöbelei!
Frieden, Frieden immer nur
Nicht die Spur von Spaß hienieden

Menschlich ist es auch zu töten
und beim ersten Kuss erröten

Menschlich ist doch wirklich alles
auch im Falle eines Falles

nachzutreten, draufzuhauen
auf die Trommel und auf Frauen

Wie, das erste ja, das zweite nein?
Ja, wo bin ich denn?

Ach, ich könnt, wenn alle beten
loskrakeelen und trompeten
einfach so „goddammit!" schrein

Bin doch immerhin auf Erden
Wo aus Mördern Könige
und gesalbte Häupter
ja, sogar zu Göttern werden

Wie denn? Was? das darfst nur du?
Hier! Mein linker Teil vom Hintern

Lieber Gott, na los!
Nur zu!

Ein Selfie mit dem Heiligen Geist

Dreimal hab ich mich bekreuzigt
und ganz brav darum gebeten:

Heil'ger Geist,
ich hätt gern eins
also, du und ich, wir beide,
weißt

Darauf mit himmlisch schöner Stimme:
Na gut, doch du musst wissen:
ich wehe, wo ich will

Zwei Stunden später:

Okay, Geist, ich verstehe
aber halt doch mal
nur für fünf Sekunden still!

Nur weil du wehst und ruckelst
wie ein Kind, das zappelt
ist jedes der dreihundert Selfies
jetzt verruckelt und verwackelt

Bleib doch bitte mal
für ne Sekunde ruhig!
Und das tat er

Nur: ich war noch nicht soweit

Und dann er: Ich muss dann mal
Bei Beschwerden: kurze Nachricht
bitte an Gottvater

Und dann ist er abgedackelt

Verfluchte Momentaufnahme der Ewigkeit

Jetzt steh ich hier und darf wohl sagen:
Ich hab ein Selfie mit dem Heiligen Geist!
Nur sieht man nichts
als mich und wisch und weg
was nur mal wieder *nichts* beweist

Herrgott, am Arsche er mich leck!

Tischgebet

Lasst uns sagen
früh bis spät

Dank dem Tisch
der vor uns steht

Danke an den stolzen Baum
der sein Leben für uns gab

Dank dem Manne mit der Axt
der beschwingt sein Beilchen schwang

froh dabei ein Liedchen sang

Dank für Schreiner und Gesell

Danke, Dank, ein Leben lang
für dies hölzerne Gestell

Tisch, du adelst diesen Raum
stoisch stehst in Form gehaun

Sogar Liebe lässt sich auf dir machen
So was und noch andre Sachen

Sorglos sitzen wir vor dir
lustig klimpert das Geschirr

Toastbrot ist ein weiches Kissen
nach dem Vollsuff für den Kopf

Auch der Opa fiel vorn über
auf Salat und war hinüber

Herrlich dampfend steht der Topf
dreimal deinen Knöchel klopf

Streich mit meiner rauen Hand
über deine ölig-starre, glatte Haut

Meisterwerk, erdacht, erbaut
schlicht, bescheiden und markant

War ich dumm, dann, ach, was soll's
schlag ich meinen Kopf aufs Holz

Sind die Beine auch nicht eben
Herrlich lässt sich's Glas hier heben

Auf dich, Tisch!
Lang sollst du leben!

Auf dich, Tisch!
stelln wir achtlos unser leeres Glas

Das Rad lässt sich nicht neu erfinden
du, jedoch dienst um high noon im Saloon
umgestürzt zum Schutze beim Duell

Auf dem Rücken liegend
dienst du, tote Fliege
einem Maler als Modell

Tisch, du stehst, als stündst du immer

Tisch, du Mittelpunkt im Zimmer!
Um den sich Familie schart

Manche Träne auf dich troff
Dein Gesicht bedeckt mit Stoff

Dass die Träne fällt nicht hart
bist robust, doch geistig zart

Seufzend lehn ich mich zurück
Hoch leg ich die Füße

So sieht's aus:
trautes Heim, Glück allein
dank Tisch im Haus

Sitze hier und
hab's geschrieben

Tisch, welch Glück
ist mir beschieden

Der Atheist und Gott

Dum-di-dum-di-dum-di-di
Ich geh so vor mich hin

Ich pfeife ein lustiges Liedchen
Nichts zu suchen, ist mein...

Oh! Wer da?
Ich glaub es nicht!

Bist du...?
Gott verdammt!
Du BIST!

Ei, sapperlot!

Wenn DU BIST
wer ist dann...
tot?

Hey, ich hab dich
nicht vermisst

Darf ich mal fühlen
darf ich tasten?
Was'n das denn?

Du bist so... echt!

Da du hier schon vor mir stehst:
Was ist die Wurzel
aus Neunhundersechzig?
Die Antwort ist richtig!

Du kanntest die Frage schon
bevor ich sie stellte

Nicht schlecht

Du bist ganz anders als ich dachte
hm, eigentlich ganz nett

Das passt mir gar nicht in den Kram!
Hier vor all den Leuten!

Hinfort, du Spukgestalt!
Igitt! Du lästiges Insekt!

Wusstet ihr's?
Gott ist kreisrund
schmeckt ein wenig nach Zitrone
wenn man ihm die Füße leckt

Ja, er IST, ganz zweifelsohne

Aber: Hey!
Ich will nicht, dass du bist!
Ich, nur Ich darf und will sein

Geh! Du Klotz an Geist und Bein!

Bitte, Gott, sei lieb und gut:
geh dahin, wo du hergekommen bist

Muss ich erst beten?
Werd ich jetzt womöglich fromm?

Bitte, lieber Gott, jetzt komm
sei lieb und geh!

Was hab ich mir
da eingefangen?

Shit!
Das juckt!

Du, ähm, unter uns
aber nur weil grade
keiner guckt:

nimm mich
probehalber!
mit

How to kill a cycling bird

Der Vogel tritt in die Pedale
strampelt, strampelt
sich tierisch einen ab
egal wie rot es ampelt

Er atmet durch

Hat er das Pfotentier
nun endlich abgehängt?

Er hechelt und verschnauft
Der Spatz ist stolz wie Pfau

Er sieht sich um

Er sieht nach hinten
sieht nach vorn

Doch da! Oh nein!

Again:

„Miau!"

to be continued...

Sündenpfuhl Beichtstuhl

Was hat das alte Kämmerlein
nicht alles schon zu hörn bekommen

Mal lüften täte hier ganz gut
hinaus mit falschen Beichten
und all dem ganzen andren Spuk

ganz still
so steht es da

Im Inneren: der alte Pater
leise, stumm auch er

oft hieß es: geh hinaus
dir sei vergeben

Sündenfroh ging man hinein
und schweren Herzens wieder raus

Im Beichtstuhl wurd nicht nur gebeichtet

Die Orgel röchelt aus den Löchern
Gefallne Engel pfeifen's von den Dächern

Ave Maria
Vater, unser_Kammerspiel:
hier in diesem Bretterschuppen
so mancher Aushilfspfaffe
beinahe ab vom Glauben fiel

Im Beichtstuhl wurd nicht nur vergeben

Ministrant und Ministrantin
tauschten erste Küsse aus

Die geilen Engel auf den Dächern:
frohgemut war ihr Applaus

Von der andren Seite
lauschte unser Pater voller Güte
bekreuzigte sich und seufzte bloß:
Ach, Kinderlein, verhütet

Das alte Kämmerlein

ganz still
so steht es da

Im Inneren: der alte Pater
leise, stumm auch er
still eingenickt

auf ewig

bis der Ew'ge ihn
am Ende aller Tage
einst wieder dann erweckt

Im Beichtstuhl
wird nicht mehr gebeichtet

Holt Jesus vom Kreuz!

Nehmt ihn endlich, endlich ab!

Er hat genug gelitten

Holt ihn von seinem luft'gen Grab!

Macht aus dem Kreuz
dann Feuerholz

und erzählt

an ewiger Flamme

des Nachts, in Angst, bei Kälte

euch die Geschichte unsres Heils
wie es in tiefster Finsternis
noch unsre Welt erhellte

und
erhält

Schwester Jesu

Das Kind kam tot zur Welt

Eine zweite Krippe
ward neben die erste gestellt

Darin so schön und stumm:
Gottes Tochter
Ein Tod ohne Martyrium

Ochs und Esel halten Wacht
Wer betet für das schöne Kind
das nicht spielen durfte?

Wer hat das Mädchen umgebracht
noch vor dem ersten Tag?

Die ersten Tränen Marias
galten ungesehen in der Nacht
dem Opfer Gottes, ihrem Kind

Wie hätte sie geheißen?
Hätte sie ihrem Brüderchen
die große Show gestohlen?

Hätte sie ohne Leid und Blutvergießen
uns kindlich zart befohlen

das Böse zu verkehrn ins Gute?

Hätte sie ohne Tränen offenbart
was Herzen öffnet und erwärmt
unsre herzensschwachen Herzen
vor Versteinerung bewahrt?

Und all das ohne
rostig-blut'ge Nägel
die zynisch-scharfen Zacken
einer bittren Dornenkrone?

Wir finden sie in keiner Schrift
in keinem uns bekannten Vers, noch Lied

Wie schön muss sie gewesen sein
dass diese, unsre Welt sie mied

Ihr Lachen, wäre es erklungen
hätte die Welt befreit

Sie hätte noch
mit ihrem ersten Schrei

mit vollen, vollen Lungen
der Welt das Gift entzogen

Sie hätte eines jeden Geistes
Chaos geglättet all die Wogen

Ein Stallknecht warf sie in ein Loch

Und über dieser Stelle
gedeiht eine namenlose Blüte
heute noch

-

Der Himmel ist uns ein verhasster Ort
Er nimmt, was er gebiert

Wir sind zuerst im Geist getauft
Die Erde gibt, was sie verliert

In jedem neuen Kind
erwacht zuerst das Gute

Gebenedeit seist du
vom selben Stamm und Blute

Gedenkt, wenn Kinder fröhlich lachen
auch Jesu Schwesterlein

Sie heilt durch alle kleinen Menschen
heilt all die Alten, Schwachen

Dank ihr sind alle wieder jung
sind offen, leicht und weich!

Sie ist die erste noch vor Gott
und Sohn und Geist im Reich

„Wenn ihr nicht umkehrt
und werdet wie die Kinder,
so werdet ihr nicht
ins Himmelreich kommen."

Wahrlich. Gott ist groß
Wir haben die Kunde vernommen

Der Himmel ist so grenzenlos
wie unser aller Leid

Jesus und sein Schwesterlein
spielen im Himmel Hochzeit

und wir sind eingeladen

Sie spielen ewig
in neuem Geist und Kleid

Hier unten
lässt der Schmerz
nicht los

Bitte um Abkehr /
Lossagung

Bist du noch da, Herr?
Stehst du mir bei?

Ist ein Gebet
denn nichts anderes
als ein ständiges
Stehst du mir bei?

Jetzt aber sage ich:

Nie wieder will ich
deinen Namen rufen

auf dass es heißt:
er kommt von Gott
und geht jetzt ohne ihn

kein: verzeih
kein: auf bald

einfach dem Tod entgegen

frei

Beginn des Betens

Oh, wir Sünder!
Gottes liebste Unschuldskinder!
Wie haben wir doch meisterlich
mit Unschuldsblick das Paradies
gebrandschatzt und geplündert
hemmungslos zerfickt

Seelenschalen, aufgeplatzt
zersprungen und zerbrochen

Urmeer, sieh! Wir kommen zurück!
Auf allen Vieren angekrochen

Auf dem Erdenrund kläfft und hinkt
ein letzter, räudiger Köter

Wir sind so gut wie tot
und wärn doch gerne töter

Die Erde fault
gleich einer gefallnen Frucht

vom Erntehelfer vergessen
der ganz woanders sucht

Das Erdenrund:
verwelkt zu Schund

Die Arche sinkt
auf Grund

Es gratuliert ein Trauergott
ganz hämisch, unverhohlen
mit einem breiten Lacher

Das Böse ist banal
das Ende trivial

Die Welt wird wieder Scheibe
wird flacher noch als flacher

Die Menschheit rückt sich selbst zu Leibe

Die Erde, die Platte
zerkratzt, sie leiert
mit sich verlierendem Schalle

Der Widersacher feiert
Wir sitzen in der Falle

Die Lüge lacht
herein bricht ohne Morgen
Nacht

Es blöken blödes Schaf
und gold'nes Kalb:
Götze alaaf!

Und eine falsche Mutter
wiegt uns in Sicherheit
hinein und Schlaf

Der Erdling rinkt
sich selbst zu Boden
zu Asche und zu Staub

Die Menschheit fällt, bricht ein
kein Boden trägt
die Menschheit fällt wie Laub

Erdling, auf die Knie!

Herr, erbarme dich und sieh!
Sieh auf dein Volk! Dein Werk!

Errette uns!

Portrait:
Der Mensch – das krumme Holz

Sein Antlitz:
Pathos, Pickel, Pocken
in der Fresse
eingeschlagen, dumm und stolz

Über der Ödnis: giftiger Dunst
Das Ende der Wurzel Jesse

Das gelobte Land:
betreten und entweiht

Die Güte ist zerstoben
die uns all dies verzeiht

Die Hölle ist das Paradies
im Gegensatz zu unsrem

Schaffen, unser Werk
heißt Destruktion

Adam und Eva hängen
am Erkenntnisbaum

und Darwin sitzt als Affe
im Himmel auf dem Thron

Die Botschaft hör'n wir wohl
in Raserei, in Frevel

getränkt in Wut und Blut

allein uns fehlt der Glaube
und mehr noch fehlt der Mut

Wir würgen runter Gottes Leib
Die Kommunion: kontaminiert

Der nukleare Winter ist jetzt da
und niemand, der mehr friert

Letzte Salbung, Welt
doch das Öl ist aus

Des Schöpfers Werk
hat sich geschändet

Und nichts beginnt
wenn alles endet

Gebete können hier nicht helfen
Und doch nur kann es ein Gebet:

Herr, oh, hilf!
Es ist zu spät

v

Rock n Roll!
/
Sieg des Sisyphos

Sisyphos hat es geschafft!
Den schweren Stein der Weisen
endlich, endlich raufgerafft
auf den Gipfel vom verfluchten Berg
Jetzt ist er müde, abgeschlafft
Vollkommen ist sein Werk

„Endlich frische Bergesluft
durch meine armen Lungen!"
Fürwahr, es ist gelungen
- Es fehlt' nicht viel, er hätt' gesungen -

Wenn ihn jemand sähe bloß
er fühlt sich frei, fühlt sich famos
Er denkt sich: endlich!
Die Erleichterung ist groß
Mit einem Wort:
der blöde Stein – er ist ihn los

Endlich kann ich runter, altern, ruhn
nach all den Jahren, all der Qual
Ich mach mich auf den Weg ins Tal
Ich schwöre Stein und Bein:
Ich rühre keinen Finger mehr

Ab heute werd ich nur noch Wein
aus dem runden Kelche nippen
sorglos mit den Füßen wippen

Tja, und nun?

Doch, Moment!
Was soll ich tun?
Ganz ohne Müh
und ohne Stein?

Er hält inne

denkt sich:
wär doch witzig
wenn ich...

Sisyphos, was is nur los?
Was geht dir durch die Sinne?
Sisyphos!
Tu's nicht!
Halt ein!
Sisy...! NEIN!!!

Es reicht ein winzig kleiner Stoß
Und schon rollt der blöde Stein
geradewegs bergab

Sisyphos!
Du alter Murmelschubser!
Sag, was machst du nur für Sachen?

Und Sisyphos?
Der kugelt sich vor Lachen

Sisyphos steht immer noch
umweht von Brise, Böe
oben auf der Höhe
genießt die Aussicht ohne Stein

Und unten hört man Leute schrein

bibliophob

Für Hans A., der b. war

Ach, die Mutter! War so grob!
Allabendlich dem Kindchen klein
nach vorgelesner Schauermär
harte Bücher unters Kissen schob
Lange schlief der Bub nicht ein
zitterte vor Angst, oh, sehr!

Des Nachts, im Traume
vergingen sich dann auf brutale Art
schattenschwarze Buchstaben
an dem jungfräulichen Knaben
dessen Geist noch unbeschriftet war

„krikelkrakel" war ihr Laut
tauchten ihn in Tinte tief
von A bis Zett
leidend wälzt' er sich im Bett
vergebens nach der Mutter rief

„Hoppe, hoppe, Reiter"
der Junge auf des Opas Knien
„wenn er fällt, dann schreit er"
Wie lachte doch der alte Mann
wie hat der Knabe doch geschrien

Auf dem Boden, auf Papier
lag er auf gedruckter Schwärze
Und Opa?
Ruft lachend aus im Scherze:
„Enkelsohn, krepier!"

Sprach in der Schule
stolz ein Kind das ABC
lief er schreiend, weinend fort
es tat einfach zu weh

Hörte er ein Buch zuschlagen
schlug's ihm derb auf Geist und Magen

Schrift und Sprache, Alphabet
waren für ihn Gift, Pamphlet

Beim Scrabble und auch andrem Spiel
saß er stumm und sprach nicht viel

Leises Lesen, Buchstabieren
ließ ihn innerlich krepieren

Horch!
Das Rascheln von Papier
Für ihn: Schlangenzischeln
Buch, oh, böses Ungetier!

Und irgendwann war er dann
groß und ängstlich und ein Mann

las in der Welt
wie in einem off'nen Buch
die ganze Welt ein rotes Tuch
ein einz'ger, wortgewalt'ger Fluch

Bei jedem Wort gesagt, gedruckt
hat zuckend er sich weggeduckt

Worte auf jeder Art von Hintergrund:
die Welt ist voll davon!

Man riet zu seinem Wohle ihm:
„Geh aufs Ganze! Konfrontation!"

Er träumte, auf die Jagd zu gehen
mit Radiergummi und Schere
Bücherwurm und Leseratte
würden wortlos um Ihr Leben flehn!
Papier und Stift und Kugelschreiber:
seine Folterinstrumente
rein in tätowierte Haut und Leiber!

Doch dies blieb nur Traum

So schlug er sich durch unsre Welt
durch ständigen Orkan
eine Welt voll Sprache, Buch und Lesewahn

Überall nur Lesezeichen!

Gezeichnet war er ganz und gar
es war zum Herzerweichen

Es half so wenig, ihm zu sagen
(denn auch das war'n Worte):
„Sieh nur, es besteht doch ganz und gar
für Leib und Seele null Gefahr"

Auch mied die Ruhe er im Lesesaal
versprach sie doch nur
unheilvolle Stille, Qual
Selbst Mord erschien ihm optional

So wurd aus ihm ein Eremit
der die Welt voll Wörtern mied

Machte sich
tock-tock, tock-tock
auf den Weg dann ins Gebirge
halbblind, gebeugt
am Wanderstock

Doch auch Natur
hat ihre Sprache

Er stach sich Aug um Auge aus
versiegelte die Ohren

Doch IN ihm sprach es auch
Er war, das ist das Resumee
für diese Welt verloren

So stürzte er sich dann
in sein Glück, in seinen Tod
aber: ob der Heilung bot?

Später dann
verriet die Inschrift
auf dem Grab:
hier ruht ein Mann
ganz ohne Buch
jedoch mit Stab

-

Epilog:

Im Himmel hieß man ihn Willkommen!

Mit groß Trara!

Mit Jubel, Worten und Gesang
Auch Opa, Mutter, Gott sind da

Tod oder Leben:
beides arg

weil beides alles
nur nicht
keine Worte barg

Gott hieß sie alle dann zu schweigen

Ach, wie schön war das!

Doch es ward daraus
nur eine, klitzekleine
schweigende Minute

Sodann sprach Gott, der gute:
„Brecht nicht nur Brot
brecht Schweigen auch!"

Und sprach dann schmunzelnd noch
sprach der Worte zwei:

„Buchstabiere: Ewigkeit!"

Erste letzte Worte

Ging durch Stahlbad und Gewitter
unanfechtbar, Herrschaftsritter

Aß viel Blei und auch Granaten
war das Ziel von Attentaten

Wumme anne Schläfe! Bang!
Jede Urne mir zu eng

Cholera und Plage, Pest
warn mir Freude, warn mir Fest

Der Vampir beißt sich die Zähne aus
Monster rufen nach der Mama
nehmen voller Angst reißaus

Tret ich auf Minen:
Hände hoch, helau!
Willkommen, Sterblicher
zur Splatter-Schau!

Klang von Explosion: mein Wecker
Bomben sind mir Süßigkeit
krachen zwischen Zähnen
lecker!

Steh im Kugelhagel ohne Schirm
Nichts durchbricht die Panzerstirn

Satan klopft nach Kampf mit mir
winselnd an die Himmelstür
mit gesenktem Haupt und Hörnern

Überlebte Obst, Gemüse
sogar Müsli, voll von Körnern

Der sichre Tod?
Für mich: Erholung, Mittagsschlaf

Abgesang und Epilog?
Vorspeise im Futtertrog
Atompilz liegt mir leicht im Magen

Hab mich oft schon totgelacht
lachte oft schon bittre Tränen
kann mich wirklich nicht beklagen

Zum Frühstück gibt es Gift und Pfeil
Zur Entspannung häng ich dann am Seil
von der Zimmerdecke

Bin ich etwas lebensmüde
wird letzter Gang zur Lieblingsstrecke

Jogge lässig, jogge cool
zu Schafott, Elektrik-Stuhl

Auch der Gang zur Guillotine
ist bei mir schon längst Routine

Apokalypse, Armageddon
ach, na gut, war nur so mittel
und das hatt ich ja auch schon

Todesseufzer, Todessehnsucht
Das Leben ist ein One-Way-Ticket
und das hab ich früh gebucht

Zwischendurch ein Henkersmahl
Harte Schienen sind bequem

Ach, die deutsche Bundesbahn
hat Verspätung, wieder mal

Zum Aufwärmtraining kommt
der finstre Folterknecht
fragt ganz höflich:
„Wär's denn recht?"

Fiel vom Turme, stürzte ab
Geht der Fallschirm auch nicht auf
steh ich unten wieder auf

Beim Beerdigungstermin:
Surprise! Surprise!
Ich lebe noch!
„Nein! Doch! Oh!"
Meine Lieben trifft der Schlag
fallen reihenweise in
in mein Loch

Jeder stirbt für sich allein
Nur ich brech mir leider nicht
Genick, noch Knöchel oder Bein

Zuerst geht die Hoffnung drauf, dann ich
Ist das fair? Ich finde nicht

Krankheit, Mord: mein täglich Brot
Ach, was sich mir alles bot

Hing am Kreuze, brannte und ertrank
exte, was im Giftschrank stand
todkrank geht's mir richtig gut

Alles Schlimme ist nur
Übung, Zeitvertreib

Und auch Endgegner und Eheweib
zu bezwingen, kann und will mir nur gelingen

Wie oft klopfte bei mir an
mein Freund Hein, der Sensenmann
bot ihm freundlich meine Seele an

Schreiend laut lief er davon
ist jetzt Gärtner mit der Sense
Dienstort: Garten Eden
und poliert mit seiner Kutte
als Untertan den Himmelsthron

Steh von Toten wieder auf
Bin ich Zombie, Jesus, Lazarus?
Wo ich auch geh und steh:
ich geh nicht drauf

Im nuklearen Winter geh ich ohne Jacke

Ha! Ich sterbe
sterbe nie!

Ha-

Oh, nein!
Ha-tschi!

War's das jetzt?

Das wär schon kacke!

Pubertätspsychose

Dieser Knopf des Teddys da
Warum starrt er wie er starrt?

Warum denn die Tür so knarrt?
Warum wird mein Penis hart?

Tief hinein hat sich mein Herz verkrochen
kaum hör ich's in mir noch pochen

Da! Ich seh ihn! Seh ihn doch:
den bösen Blick durchs Schlüsselloch!

Jede Form in meinem Zimmer
wird so fürchterlich, abnorm

Unterm Bett das Lego kichert
mein Schweizer Messer
richtet sich auf mich, entsichert

In den Comics lachen Bösewichte
Unheilvoll rappelts im Karton
in der schweren Puppenkiste

Tim hetzt seinen Struppi auf mich
lässt zur Hatz ihn von der Leine

Asterix und Obelix klammheimlich
stecken spitze, kleine Hinkelsteine
in die Schuhe

Und ich liege starr im Bett
kann nicht weg, find keine Ruhe

Oben in der Zimmerecke
lauert Spiderman
und mein Bett wird Knochentruhe
Verschone mich! Ich bin doch Fan!

Der Star auf dem Poster aus dem Teeniemagazin:
Mein Idol kann neuerdings seinen Look
sein smartes Lächeln
zu gruslgrausger Fratz verziehn

Ist es, weil ich heute log?
Die Schoki meiner Schwester aß?

Die Frau aus dem Unterwäschekatalog
Objekt meiner Begierde
jagt mit ihren geilen Blicken
mir die Scham in mein Gewissen

Kann mein weiches Lieblingskissen
ohne fremdes Zutun mich ersticken?

Die Star-Wars-Sturmtruppen
im Gleichschritt nahn!
Und im Zimmer mittenmang
verunglückt meine Eisenbahn

Die dunklen Schatten an den Wänden:
greifen schneller noch nach mir
als mit seinen Händen Lucky Luke
Harry Potter zaubert in das Kinderzimmer
schwarz und magisch Lug und Spuk

Das letzte Einhorn meiner Schwester
senkt das Haupt, scharrt mit den Hufen

Soll ich schreien? Soll ich rufen?
Meine Mitwelt lacht mich aus!

Graf Zahl zählt lachend meine Stunden
Starr bin ich ans Bett gebunden

Was nur soll das alles heißen?
Soll ich denn wie früher mir
in das Bett, in Buxen scheißen?

Bin doch noch Kind!
Werd ich zum Mann?
Wird mein Schrecken größer dann?

Schweißgebadet: ich im Hemd
Doch noch bin ich existent

Bin ich? Ich bin noch!
Bin ich verrückt?

Nikolaus, hilf!
Bring mir zurück
den Glauben an
Unschuld und
kindliches Glück!

Bin ich gleich tot?

Doch da geht die Türe auf
das Licht geht an

Und Mama ruft:
Gibt Abendbrot!

You only tschilp twice

Es radelt unser kleiner Held
von Seite zu Seite

Er sieht dich an!

Keine Gefahr

Und da?

Ach, nur ein blöder Hund
der bellt

Allmählich wird's dem Spatz zu bunt
So tschilpt er einmal noch zum Gruß

und radelt in die Welt

to be continued...

Bums ums Bier

Bierbank, Bierbauch, Bombenwetter
es schwillt und schwitzt das Arschgeweih

Münder sich an Krügen labend
Herrlich ist der Feierabend

Und mittenmang bin ich dabei

Dirndelmädel schleppt an Brust und Bier
joa, da schau her: auch du bist hier!

Ach, so sieht der Himmel aus
eine Blechkapelle scheppert

Bier und Kalorienbombe, Bumsmusik
Hermann träumt schon lange deppert
vom Endsieg seines Kleingärtnervereins

Maß zu halten, kennt er nur auf *eine* Art
alles Andre ist nicht seins

Lachen, furzen, grinsen, singen
Bier um Bier um Bier bezwingen

Gegen die Armee der Säufer
hat der Hopfen keine Chance

„Oans! Zwoa! G'suffa!"
lautet der Befehl

Hand zum Glas und Glas zum Mund
geht's uns flüssig an die Kehl

Viel zu trinken ist gesund!

Etwas abseits steht ein DJ
auch sein Beat bumst blöd daher
plagt die Boxen, plagt die Ohren
und ein zugedröhnter Teenie
steht davor, etwas verloren
stampft das Bein und denkt sich:
„Yeah!"

Ein Mann steht auf, erschreckend nüchtern
ruft was aus, nicht deutsch, nicht spanisch

reißt den Mantel auf
und drückt den Knopf!

Die Blaskapelle schweigt

Doch nichts, nein, nichts geschieht

„Et hätt noch immer jut jejange!"
ruft ein Mann, mehr Wanst als bange

Noch mal drückt der Mann
jetzt panisch!

Ein kurzer, stiller Moment

Der DJ wechselt grad die Platte

Und da! Endlich! Herrschaftszeiten!
fliegen Kopf und Kegel, Kind und Glied

Sakrament!
Arsch und Bombe gehen hoch
Und die Luft, sie brennt

Wo ist Hermanns Schädeldecke
die er grade doch noch hatte?
Ah, da hinten, in der Ecke!

Um mich her zerbersten Menschen
Himmel! Erde! Alles zittert

Da! Ne abgerissne Hand, die twittert:
„Liebe Moni,
's geht mir gut, das Bier ist kühl.
Für dich empfind ich viel Gefühl!
Sei geküsst mit Herz und..."

Augen rollen, Hirn verspritzt
und schon wird der Rasen rot

Was nicht reinging in die Schädel
kommt jetzt raus

Und vom Baum da oben
tropft ein Zehntel
von dem heißen Dirndel-Mädel

Nur ich selbst bin nicht erschüttert
Der Sturm herum ums Weizenglas:
da versteh ich keinen Spaß!

Und bewahre Ruhe
Mittendrin in Terror, Tod
hab ich nur die eine Not:
dass mir nicht das Bier verschüttet

Sieg! Das Böse hat es nicht geschafft
zu verplempern Hopfensaft

Weinen, Klagen, ach, es lärmt
Ich genieße schnell mein Bier
noch bevor es richtig wärmt

So bewahre ich mit ruhiger Hand
Bier und Stolz und Vaterland

Und ich nehme auf den Schock
erstmal einen großen Schlock!

Aus den Boxen tönt es wieder: Bum!
Ich seh mich um: seh Mensch, seh Leid
doch schwerer wiegt die Durstigkeit

Man kann vom Terror halten was man will
wichtig ist: du hältst das Glas
Und so wird aus diesem Tag, Allah ist groß
schlussendlich doch ein großer Spaß

-

Enkel, später
halten staunend die Prothese
hören diese düstre Anekdote:
Merket wohl, ihr Kinderlein
Bier ist heilig, Gott wohl auch
und, jaja, es gab auch Tote

Und es heißt, dass heute noch
Menschenreste in und an
Ritzen, Fugen, Mauern kleben

Tja, was zählt denn
auch ein Leben?

Und so ende ich getrost:

Prost!

Scheiß Gedicht

Nachdem, was der Poet
verinnerlicht und dann veräußert hat
stinkt es, dieses Scheiß Gedicht
Oh, es stinkt so fürchterlich!

Dunkle Spritzer auf dem Porzellan
Die Fachwelt ist sich einig: sie ist angetan

Gegessen, dann gesessen, abgedrückt
Schriftgelehrte sind entzückt!
All die Schnörkel, Kommata, Serifen:

Welch ein Schwung, welch eine Wucht!
Welch selt'nes Dokument der Zeit!
Boah, was tut das miefen!

Selten hat wer so geschissen!
So ein Scheiß! Kündet uns
von Fraß und hohem Wissen
Weitsicht und von Augenmaß

Dann kam die Putzfrau, ungefragt
hat den Dienst verrichtet, unverzagt
spülte, schrubbte, fluchte nicht
und weg war

das Scheiß Gedicht

Verfassungsschutz
oder:
Auf der Suche nach
dem absoluten Reim

Ach, verloren...
unter windschiefer Metapher
steht ein lispelnder Verfaffer

Geschützt vor Geistesblitz
und Eingebungen
tintengleichem Speichel
fremder Zungen

Reimt sich aus, wie könnt es sein
das Leben mit und ohne Reim

Unsren Mann plagt noch dazu
allerschwerste Allergie
gegen Sinnbild, Synonym
Versmaß, Form, Allegorie

Und ach, es juckt die Mütze
und zu was sind, bitteschön
hanebüchen kryptisch dadaistisch
hingeschmierte Hieroglyphen nütze?

Unter einer Eselsbrücke
steht der einsame Poet
rauft sich das Haar

wartet lange, lange schon
auf Eingebung und rechten Ton

Ach, allein, bisher herrscht
Mut zur

Wie ein lästiges Insekt
surrt die nonverbale Mücke:

Fällt dir wirklich nichts mehr ein?

Wer mag ihm die Worte reichen?

Noch immer steht
von früh bis spät:
der Poet

Über seinem Kopf ein
?

Denkerstirn

Er kriecht in seine Denkerstirn
in tiefes, tiefes Höhlgestein

Dort kritzelt er an Innenseite
Traum von Freiheit und von Weite

durchdringt dort denkend dichten Wuchs
schleppt sich von Gedanke zu Gedanke

Der alte Denker:
ja, was zum Henker, denkt er?!

stützt mit Balken das Gewölbe
hofft, der Stollen stürzt nicht ein

Hinter sperrigen Gedanken
hat er sich verschanzt

Ohne viel Bedenken rupft
er sich Ideen aus
die er ehemals gepflanzt

Ist er selber nur Gedanke?
Denkt er sich und tanzt
den Tanz des Intellekts

Immer tiefer gräbt er
grübelnd sich hinein

Oh, wie tief er steckt!

Wo nur ist der Notgedankenausgang?
Vielleicht da... entlang?

Die Stirne vorn: ein einz'ger Krater
Er denkt aus Spaß, empfindet Marter

Ein harter Frondienst ist sein Tun
Und hinter seiner Denkerstirne
pendelt ohne Unterlass die Abrissbirne

Vorne, froh, ein Pickel sprießt
kleines, rotes Lampsignal

Und es flackert die Synapse
tief im Hirnstammareal

Ideeneinfall, Denkdetonation
Meteor und Geistesblitz schlägt ein!

Die Birne glüht
Dampf aus den Ohren!
Dampflockzischen
Pfeifenton!

So denkt er sich so:
Allerhand!

Ja, allerdings!
Doch was genau?

Grübelnd sitzt er so im Bau
denkt und denkt
und wird nicht schlau

Der Kopf ist rund
für's Denken
braucht man keinen Grund

Ich denke, denkt er, also bin ich
denkt er sich und richtig:
ja, er ist!

Er denkt, er denkt, erdenklich viel
Und weiter?

Der Pickel platzt!
Es fließt der Eiter

In finstrer Grotte schaufelt
unser Mann und kratzt
Gedanken aus den Furchen, Gräben
als ob die jemals Sinn ergäben

Gedanken ranken um die Stirn
die er sich selber bietet

Er erkundet neue Gänge, Wege
springt und klettert hierhin, dorthin
wie ein Äffchen im Gehege

So denkt er alles kreuz und quer
die Kunst ist leicht, der Schädel schwer

Er meißelt hier, es bröckelt da
und sein geistig Eigentum
liegt in kognitiven Körben
ringsherum

Gedankenbeete, neue Saat
und er erntet und er scharrt
gräbt Gedanken um
und er ackert, rackert, ackert
Bedenklich die Synapse flackert

Und die Stirne unsres Alten
liegt in Furchen und in Falten

Wer mag ihm die Stirne glätten
sie entziffern, ihn aus seiner
Furche retten?

Zerfurchte Stirn:
verkannter Schmuck

und die Hirnhaut?
juckt

Gedankenschutt, wohin man schaut
und vorne runzelt sich die Haut

für heut jedoch ist

Schicht im Schacht
im Oberstübchen

die Stirn:
sie ist verziert
mit Grübchen

Der Tastenläufer

Ein Mann sitzt
tonlos am Klavier

eingesunken, eingefallen

Stilleben jetzt

was gerade noch
mit hundert Händen über Tasten
hergefallen

Es hielt dem Ohr nicht stand
was hier vor aller Ohren stattfand

Mit Verstand nicht zu begreifen
wie er sich die Töne pflückte
schied die grünen von den reifen:

Das Klavier, wohltemperiert
brennt wie Feuerholz, vibriert

Noten stürzen ins Gehör
Tastenanschlag! Kamikaze!

Dunkle Tasten werden hell
Weiße Tasten werden schwarze

Noten hier: in höchster Not!

Man klage an den Mensch
der diesem Menschen hier
das Spielen nicht verbot!

Sein Andante ist Allegro
ist ho-ho, prestissimo!

Ganze Töne ganz zerschlagen
liegen jetzt wie Schutt umher
Ton um Ton auf Stufe, Leiter

Hier trägt keine Stufe mehr
und ein jeder sichrer Schritt
kommt ganz sicher aus dem Tritt

Dur und Moll:
rein nichts mehr gilt
und das ganze Bild
im Funkenflug
vor *Furor* brüllt

Aufgescheucht wie Vogelschwärme
fliegen Noten und der Impresario
greift in Tasten und Gedärme

Tempo! Tempi! Vorwärts nur!
Metronome aus dem Takt
Zeiger drehen hilflos durch
Ziffern fallen aus der Uhr
Aller Zweifel von uns ab

Wo führt dieses Spiel uns hin?
Immer weiter dringt er vor
sprengt einher, den Weg sich frei

Wo nimmt er die Noten her?
Die Noten unbekannt?

Gott steh uns bei!

Doch Gott bleibt
ohne Gegenwehr

Wo steht seine Partitur?!
In den Lüften, in den Gründen
wo sich sonst nur Fragen finden

Dies ist Antwort, ist Geburt
Das Gehör kommt kaum noch nach
Und der Flügel spurt

Klimperello auf der Pirsch

Und der Flügel wird Florett
Sinnlos Ton, Kadenz, Sonett

Wie ein schwer verletzter Stier
rast das Instrument
das nicht mehr Ross
noch Reiter kennt

Klimperello wird Torero
Das Piano wird Klavier

Kein Zaumzeug ist
zur Hand, kein Zügel
Pianist und Flügel:
Wer ist Herr und wer ist Knecht?!

Ahab reitet Moby Dick!

Der Mensch ward nur
fürs Ohr geschaffen

Der Mensch:
das hörende Geschlecht

Halte ein!

Kein Gesetz mehr, keine Grenzen
Nur noch Freiheit, nur noch Klang!

Opfergabe: Hörorgan!

Und es wütet Klimperello
wie ein Wilder im Orkan

Was für Töne und Frequenzen
kränzen unser armes Haupt

Nur zwei Ohren
für nur einen Klang

Geschlagen sind wir
ganz in Bann

Und da steht und da sitzt:
ein Klavier nur und ein Mann

-

Der Pianist hat sich
im Spiel verloren

Ist er noch da?

Das war nur eines: Fulminanz

Ein Taktstock, unsichtbar
steht schwebend noch im Raum

und Ruhe ist
als hätt er nie gespielt

und Ruhe ist
als hätte niemand je gespielt

und wir: stehn nie mehr auf

Wir bleiben regungslos
sind nur noch Resonanz

Nicht Welt, nicht Mutter
brachte uns hervor

Es war dies schwarze Ding

Was sprach zu uns
durch Instrument und Medium?

Endlich sind wir Hörende
und jedes Wort bleibt stumm

Von der Mutter frisch gebadet
sind wir wie am ersten Tag
intakt, im Takt

Noten fielen vor uns nackt
aus Gottes Schoß und Nest

Wir sahen und hörten:

Klang

der sich sonst nicht hören lässt
bezwungen von dem Mann
mit seinen langen Fingern
dem Manne, der die Töne stahl

Die Stille setzt den Ohren zu
Die Stille: orchestral

Die Deckenlichter spiegeln sich
auf dem edlen Lack
Noch immer sitzt der Mann in schwarz
Und den Boden küsst der Frack

So ist es denn gelungen:

Der Ton ist in der Welt
und aller Lärm verklungen

Der Notenbogen ist gespannt
und wir sind selber Noten
darauf in Ewigkeit gebannt

Und der Pianist
atmet wieder ein

Sind in uns solche Töne?
Sind wir von solcher Eleganz?

Er legt den Läufer auf die Tasten
er klappt den Deckel zu

und endlich sind wir

ganz

Tschilpin' with Desaster

Der Spatz macht Halt
denn von rechts kommt

ein Bär
auf seinem Einrad

der hat Vorfahrt
hebt die Tatz zum Gruß

Der Spatz steigt ab vom Rad
und geht zu Fuß

to be continued...

Mindfuck

Die Muse küsst mich
küsst mich wach

noch liegt mein
Bewusstsein brach

Na, mein Liebster
Bock auf Text?

Ihr Blick verspricht mir Bände
bin schon jetzt total verhext

Sie schmiegt sich an mich
weich sind ihre Hände

Doch ich stoß
sie von der Kante

in Erwartung
einer andren Tante

Die ist, wie es das Schicksal will
der Muse ihre böse Schwester

Und die ist nicht so zimperlich
der geb ich's heut noch umso fester

Ich denk es kaum
schon steht - wo kommt sie her?
sie wie gedruckt in schwarz
im Raum

Na, mein Herr?
Wo wolln wir denn?

Auf dem Schreibtisch?
Auf dem Bett?

Gähn, na gut
okay, wie nett

Wie hättest du's denn gern?

Also, ich..,

Mir egal!
Ich schnall dich an!

Moment mal! Du *mich*?
Ich dachte: ich *dich*!

Und, grinst sie
für noch mehr Spaß:

Hier sind meine andren Schwestern
Na, gefällt dir das?

Und die stehn jetzt auch vor mir
und ich wünscht, es wäre gestern

Dann mal los!
Du schlimmer Junge!
Noch Fragen?

Äh, könnten wir vielleicht...?

Und schon steckt
die erste Zunge in mir drin
zum Glück nur oben

Und innerlich hör ich
schon feierlich
Enthaltsamkeit mich loben

Und dann! Oh, Mann!
Sie schänden mich!
Und wie!

Ach, den Teil lass ich mal aus

Und während des brutalen Akts, des langen
liest eine von den Brillenschlangen
die gesamte Brockhaus-Enzyklopädie!

Und dann sind noch
Thomas Mann, Thomas Bernhard
und das Telefonbuch dran!

Bei Buchstabe „S"
fällt's mir wieder ein:

Wie geht das Safeword?
Das Signal?

(Zum Begriff: Das SAFEWORD ist ein bei
Praktiken im Bereich des BDSM verwendetes
Signalwort, mit dem der empfangende Partner
anzeigen kann, dass er die Handlung nicht fort-
setzen möchte.)

Ich weiß es wieder:
Das Wort ist:
„Es war einmal"!
Nein, das war es nicht

Hab jetzt eine ihrer Hände
unten, hinten in mir drin

tief und tiefer

Sie bewegt die Hand
in mir wie in 'ner Puppe

Auf und zu gehn Mund und Kiefer
willenlos und ohne Sinn

Lauthals lacht
die Musentruppe

Hört mal! Hihi!
Er möchte uns was sagen...

Sag und schreib mal:
Danke, Göttin!

Und ich?
Sag's und schreib's
mal hin

Dann lassen sie mich liegen

Machen noch ein Selfie
formen Herzchen mit den Händen
und ich seh mich schon Part 4
der Lyrik-Trilogie beenden

So, jetzt haste was zu schreiben!

Musenküsse, Blutergüsse
waren noch nie so zynisch

Stunden, Tage lieg ich so im Zimmer
Warum nur muss ich Künstler sein?

Und bei dem Gedanken
fällt mir das Safeword wieder ein

Und nun: Werbung!

Seelische Schnellreinigung Schalupke

Hilfe? Hilfe? Traumata?
Wir sind immer für Sie da!
Kriselt's? Sind'se vulnerabel?
Nur hier werden Herz und Nabel
garantiert repariert

Ist Ihr Wunsch denn zu gesunden?
Unser Service hat geöffnet
ganze 24 Stunden

Kommen Sie ohne Termin
Einmal das Rundum-sorglos-Paket
für sie und ihn

Wir versprechen:
Sch'lupke heilt

Ihre Schwäche: unsre Stärke
Seele sauber, schnell, wenn's eilt

Kummer, Leid, Morbidität?
Noch is gar nichts schon zu spät!

Sanft, rundum, total erneuert
Mensch, jetzt sein'se nicht be...

Wir sind hundertpro die besten
hundertpro nicht überteuert!

Ach, so schlimm, ja?

Wie?
Noch schlimmer
und nicht böse
sondern böser?

Hier kommt Sch'lupke!
Der Erlöser!

Destruktive Tendenz?
Sch'lupke – Synonym für Kompetenz!
Unterstützt die Resilienz!
und Ihr Seelchen wird zum Benz

Pflegend, schonend und ganz gründlich
Neue Kraft und Unschuld: stündlich!

Sch'lupke:
konserviert das Beste Ihrer Seele
stärkt die Kraft des Widerstands
aufpoliert und strahlend neu:

Sch'lupke bietet höchsten Glanz

Hat die Seele einen Knacks –
Stehn'se auf, verdammt nochmal!
Zu Sch'lupke! Schnurstracks!
Aufgerafft!

Neues Selbstvertrauen?
Vertrauen Sie uns, vertrauen Sie sich!
Hier entsteht Ihr neues Ich

Halleluja!
Ja! Nicht nein!

Schaun'se nicht so kränklich aus
und gefälligst bei uns rein!

Unser Motto:
Phoenix aus der Asche!

Alles echt
und nicht nur Masche!

So, jetzt Schluss mit dem Gequäle!
Wir operieren an off'ner Seele

Ihr Allerheiligstes:
bei uns in guten Händen

Sch'lupke wird's schon richten
Sch'lupke wird's beenden

Lang genug sich abgequält!

Zu Schalupke
wenn es eilt!

Denn nur die Seele zählt!

Tschilp hard

Der Spatz steigt um
auf Bus und Bahn

Doch schnell ereilt ihn
die Erkenntnis:

Da geht's doch
schneller flügellahm!

Er steigt ins Auto
steht im Stau

ans Fenster
klopft's und grinst's:

„Miau!"

to be continued...

Die Katze

lädt von sich ein Video
bei youtube hoch

Tutorial:

*Wie kann man nur
so flauschig sein
wie ich?*

Die Antwort ist
ganz einfach:

Kannst du nicht!

Ich leck mir
niedlich meine Pfot...

Wie schön reimt sich
doch Spatzentod!

Denn so flauschig wie ich bin
so bin ich doch:
Oh, glaub mir!
ein Raubtier!

Mit mächtig scharfer Kralle!

Bin süß, so süß
sooo süüüß

und steh doch
auf Krawalle!

Du glaubst mir nicht?

Komm
miez, miez
und
streichel mich!

Daseinsberechtigungsformular

Wolln'se wirklich?

Glauben'se
das is ne gute Idee?

Sie müssen wissen:
Abends wird's dunkel
und manchmal
fällt Schnee

Jaja, die Sonne is schön
sofern'se nicht reinsehn

Von oben kommt Regen
Kälte lässt frieren
Im Sommer: die Wespen
Zuviel ist zuviel
und das lässt krepieren

Kacken is Pflicht!

Wählen'se jetzt:
Oh, pardon, gab nur noch
dieses Gesicht

Das ist jetzt ihres!

Nein, Einspruch ist zwecklos
Keine Ausnahme! Auch nicht für Sie!

Nein! Kein drittes Bein!
Und auch kein Ersatz
für Rücken und Knie

Was wolln'se sein?

Mann oder Frau?
Schlachtvieh oder
doch lieber Pfau?

Bitte nicht Transgender!
Ich will später nichts ändern
Das bringt nur noch mehr
Papierkram mit sich

Hier! Die Schublade!
Entscheiden'se sich!

Herz, Hirn und Seele?
Wir hätten Ersatz:
Stein, Klumpen, Attrappe
Doch wir empfehlen
hier eher: Loch

Anbei gibt's für den Sprung in der Tasse
ein Päckchen Spachtelmasse noch

Jetzt weiter im Text:
Geboren wird arm
gestorben nicht reich

Hart ist das Brot
und Haufen sind weich

Es gibt, ich vergaß
von ihrer Sorte andere noch
Die einen sind scheiße
die andern nur doof
und verstehen keinen Spaß

Fürs Fluchen der Mund
Die Zähne falln aus
Die Zunge zum Lallen
und Ekelschmecken
Die Schwerkraft zum Fallen
Den Hintern fürs Lecken
Die Faust fürs Gesicht
Das Loch fürs Rein-Raus

Augen zum Heulen
Der Kopf für die Beulen

Für Gestank das Ding da
in Ihrem Gesicht
krumm und schief und pickelig

Bitte, gerne
dafür nich!

Herz und Knochen zum Brechen
Die Muskeln zum Schwächen
Den Lärm für die Ohren
Die Sinne: verloren

Haut zum Verbrennen
Beine zum Rennen
zum Hinken, zum Laufen
Die Welt: zum Verzweifeln
Die Haare zum Raufen

Der Körper: missraten
Der Buckel: perfekt
Fürs Hirn die Psychose

Blicke zum Schielen
Der Schwanz baumelt lose
Hand? aufs Herz!
Doch die Hand hat Arthrose

Gefühl! Ganz wichtig!
Mit Gefühl vor die Wand
Aber so richtig!
Vor allem aber:
Angst vor Allem

Der Mensch steht nur aufrecht
um hinzufallen

Erblinden, ertauben, verstummen
Was hätten's denn gern?

Und bitte:
Nachher will ich keine Klagen hörn!

Der Spiegel zum Ärgern
Für den Alltag:
Schweiß, Blut und Tränen
Sollt ich sonst was erwähnen?

Sagen'se nicht
Sie wüssten von nichts!

Was wolln'se tun?
Was wolln'se sein?

Wir hätten da noch:
Tellerwäscher, Dorfdepp
Prügelknabe, Tagelöhner

Ja, ich weiß
Batman wär schöner

Hinten ein Loch
da kommt was raus
und manchmal auch rein
Sie sagen: Nein!?
Ich meine: doch :-)

Das Leben, es fliegt

Wenn das Leben beginnt
ist es das schon gewesen

Das hier? Das Kleingedruckte?
Ach, das müssen'se nicht lesen

Kündigung? Reklamation? Beschwerde?
Guter Mensch! Dies hier ist die Erde!

Die Stunde des Todes?
Supergeheim!

Ein bisschen Spannung
finden'se nicht
muss ja noch bleibn

Vorsicht vor Karma!
Und Vorsicht vor Haien

Den Schmerz gibt es gratis!
Und der ist zum Schreien

Gleich gibt's kein Zurück!
Ach so, ja, Glück
is lange schon aus

Wie bitte?
Schönheit, Gesundheit?
Wie wär's mit Humor?

Na gut, weil Sie es sind
hier das Versprechen:
Sie zeugen ein Kind

Das macht Ihnen Ihr Leben
dann richtig zur Qual

Kreuzen Sie an
noch ham'se die Wahl!

Jaja, das Gute gibt's auch!
Doch, doch!
All das hier endet

Wär ja auch doof

Was, Sie wollen immer noch?
Wolln'se wirklich, wirklich bleibn?

Na, Sie müssen's wissen!

Hier, der Stift
zum Unterschreiben

-

Herzlichen Glückwunsch!

Her mit dem Wisch!
Vertrag is Vertrag!

Jetzt sind'se dran!

Ach ja
bevor die Tinte trocknet
noch dies:

Gott gibt es wirklich!

Der Gute ist launisch
und fürchterlich mies

Viel Spaß noch
und denken'se dran:

Das Leben ist kein Ponyhof

Ham'se alles mitgenommen?
Zahnbürste, Sonnencreme
Reisegepäck?

So. Das war's
Ich bin dann mal weg

Sie werden jetzt Mensch
Mensch, sind Sie doof

Aber:
manchmal, ja, manchmal
ist das Leben auch schön

Doch sein'se gewiss:
das wird, versprochen
vorübergehn

Man sieht sich!
(Oder auch nicht.)

Viel Spaß noch!

Und:

Herzlich Willkommen!

Wir sehen jetzt durch einen Spiegel
in einem dunklen Wort
(1. Korinther 12,13)

Wer sich nicht bewegt,
spürt seine Fesseln nicht.
(Rosa Luxemburg)

Das Höhlengleichnis

Wir hocken im Gleichnis
wie in Ketten

Wirst du, geneigter Leser
uns mit güt'gem Blick
erlösen, uns erretten?

Wir schauen auf die Wand
als gäb's dort was zu sehn

Schatten der Lebendigkeit
die vor uns stumm vergehn

Die Sicht ist uns verstellt
auf das, was uns erhellt

Sieh! Was dringt
von draußen rein?

Menschgestalt
im Widerschein

Wir schauen unsrem Widerschein
geradwegs ins Gesicht

Doch schau'n wir bloß
und sehen nicht

Wir halten einander
ohne Mühe gefangen

Wir stimmen sehnsuchtsvoll
in Lieder ein
die einst die Alten sangen

Wir zahlen mit der Zeit
bewegte Höhlenmalereien, wir

Lieber Leser, Lichtgestalt
unsere Stimmen steigen empor
Zu dir! Zu dir! Zu dir!

Jedoch, kann's sein:
ist dein Himmel Lüge?

Wir sehen ja das Bild
des Himmels sanfte Züge

auf Stein nur
Stein, nur Stein!

Ach, wie ist es hier bequem
Wie rasselt unsre Kette schön!

Bleiben oder gehn?
Ist das die Frage?

Wer schützt uns vor dem Licht?
Vorm Licht von über Tage?

Oh, wären wir nur stärker
viel stärker als wir sind

Brich, Leser, auf die Ketten
Brich Gleichnis auf und Kerker

Mach sehend uns
wofür wir blind

Die Schatten tanzen
auf dunkler Wand

wir hören ihren dunklen Ruf

Mir war, als hörte ich im Schlaf
die Stimme dessen, der uns schuf

Erst die Idee, dann das Werk
tief, so hocken wir im Berg

Wir sind von Sehnsucht
durchdrungen

Doch nichts ist uns
nur Lied und Blick
aus Angst ist nichts gelungen

Nie haben wir uns erhoben
wie geht es dir, wie *geht's* zu dir
was ist, ist da was oben?

Lieber Leser, Lichtgestalt
vernimm die Gesänge!

Führ uns zu dir
hinaus aus Berg und Enge!

Hinaus! Empor!
Menschmotten zum Licht!

Doch schau'n wir nur
und sehen nicht

Wir sitzen wie im Theater
Doch spiel'n wir nicht mit

Erlöse uns! Lies uns heraus!
Aus Zeilen, Höhle, Gleichnis

Neige gütig deinen Blick
uns entgegen

Wie sehen wir aus?
Schenk uns Sichtbarkeit!

Wer schlägt der Welt die Scheiben ein?!

Wir Buchstaben auf hellem Grund
Küss uns mit Augen wach und Mund

Wir sind hier!
Hier unten!

Lieber Leser

Wir sind
auf ewig
Dein

VI

Goethe, final
oder
Der unliterarische Maulwurf

Waren Goethes letzte Worte denn
Mehr Licht!?
Oder vielmehr doch:
Mehr nicht!?

Die Überlieferung ist ungenau
Die Zeugen: zu Asche, zu Staub

Ein Maulwurf gräbt durch Bau
durch Gräber sich und Beet
Er lebt seit jeher unter Tage
er ist seit jeher Analphabet

Steckt er den Kopf mal aus der Erde
ruft er dann: Mehr Licht!?
Na, eher nicht
Wohl eher: Stirb und werde!

Unter einem Maulwurfshügel
liegen begraben: Worte wie Flügel

In der Schule stöhnt ein Schüler
weil er Goethe zwar schon über hat
und dennoch wenden muss

das dumme Blatt

Er muss sich maulwurfsgleich
durch die Geschichte wühlen

mit geballter Faust
durch den gewalt'gen Faust
mit finsteren Gefühlen

Der Schüler ist des Dichterfürsten
größter Feind und gräbt für's Reclamheft
ein tiefes Loch. Das gelbe Gift fällt tiefer
als man meint

Der Maulwurf gleich Faustens Schöpfer
in der Erde haust. Und du?
Was siehst du, wenn du schaust?

Und gäbe man Maulwurf, Schüler
Dichter und dir mehr Licht
- verstündet ihr einander?

Vielleicht ja.

To tschilp or not to tschilp

Der Spatz
nimmt jetzt den Flieger

und wähnt sich
Tschilp sei Dank!
als Sieger

Ankunftshalle, China:

Am Check out erwartet ihn
fast schon vertraut

ein Tier, das
wundert's uns?

erst lieblich schnurrt
und dann miaut

Die Katze nun
mutiert zum Tiger

faucht

Hat sich's nun ausgetschilpt?
Hat es sich ausgehaucht?

Der Spatz senkt's Haupt
gibt sich geschlagen

Noch einmal öffnet er
den Schnabel

Doch da!
Welch Laut?!

Der Spatz miaut!
Und das passabel!

So oft hat er es schon gehört
dass er es nun selber kann

Der Tiger:
„Hm, das kleine Tier
gehört zu mir"

-

Der Spatz auf dem Rücken der Katz:
der Beginn einer Freundschaft?

Und noch bevor diese Seite
im Sonnenuntergang vergilbt

dreht er sich noch
einmal um zu dir

zwinkert kurz, winkt leis
mit seinem Flügel

und tschilpt

Der Schreibhals

Es war ein Marktschreier
der überschrie sie alle
mit solcher Stimmgewalt –
es ging durch Mark und
Markt und Bein

Ein permanenter Lärm, ein Knall
von überall her Widerhall

Von den Bäumen fiel
schlagartig alles Laub
und wenn die Aufsicht
sich beschwerte
half es nichts
er schrie sie taub

Das alles war kein böser Wille
er KONNTE nicht anders

Er schrie seit seinem ersten Tag
seit er aus der Mutter fiel

Seitdem herrschte Abwesenheit...
ich sagte:
ABWESENHEIT VON STILLE!!!

Er verstand sein eigenes Wort nicht mehr
Er schrie die grünen Früchte rot
Nüsse platzten plötzlich auf
Radieschen rollten todesmutig
von den Tischen hinein in Dreck
und sich'ren Kot

Eines Tages dann:
HEUTE IM SONDER-SONDERANGE-...!

Und er stand da und machte...
er stand da und machte...

piep

bis ihm nichts mehr übrigblieb
als seine Angebote aufzuschreiben

Die Leute kamen, aber kauften nicht
Erst hielt er Zettel hoch
als das nichts half, dann Schilder
Buchstaben, groß und fett

Die Leute blieben weg

Er bekam einen Schreibkrampf
zerriss das Papier
tobte, tonlos, wie ein Wilder

-

Ein junges Mädchen suchte Arbeit
Er warf ihr seine Schürze hin

Sie schrieb in Schönschrift
sang dazu die schönsten Lieder
von Tomaten und Kartoffeln
Sie war mit jeder Frucht per Du

Dem Marktmensch half sie
so wie sie zu schreiben

Und die Leute kauften und
er fand seine Stimme wieder
doch er schrie nicht mehr

Fortan sangen beide im Duett

Und das Mädchen durfte bleiben

Fluchtautor

(dramatisch vorzutragen,
wobei das Buch aufgeschlagen
wie ein Lenkrad zu halten ist)

Kommschonkommschonkommschon!
Starte! Starte die nächste Zeile!
Endlich! Nichts wie weg!
Scheißescheißescheiße!
Strafrechtsparagrafen auf
Flugblättern direkt hinter uns!
Auf die Taste! Los! Drück auf die...!
Wwrrrromm, wwrrrromm!
HAHA!
Ihr könnt uns gar nichts!
Wir sind schneller! Wir sind als...!
Alter, alles klar bei dir?
Nein, das ist nicht viel Blut...
okay, das ist auch nicht wenig Blut.
Stell dir vor, es wär Tinte!
Halt durch, Kumpel! Du schaffst das!
Ich kann jetzt kein Leerzeichen gebrauchen!
Ja, schreib ruhig, schreib
deinen ganzen Schmerz raus!
Vorsicht! Wortspiel von rechts!
Was denn? Ich soll *SCHNELLER* schreiben?
Ich schreib so schnell ich kann!

Scheiße!

Jetzt kommen sie auch von da!

Los! Blätter um! Blätter um!

Nein! Nicht vor! Zurück!

Abkürzung!

Los! Schreib! *SCHREIIIIB!*

Bam! Bam! Bam!

Ausrufezeichen!!!

Spur halten!!!

Ausrufezeichen!!!

Wir schießen zurück!

Bam! Ausrufe-...!

Ausweichmanöveeeer!!!

War das ein Buchstabe?

Das war ein b, ein kleines b!

Ich habe einen Babybuchstaben angefahren!

Scheißescheißescheiße!

Ist das ein Stammbaum?

Scheiße, scheiße, nein

das ist ein Baumstamm!

Scheiß Wortspiel!

Scheiiii... **BAMM!**

Was...?

Tinte, überall Tinte!

Ist das die letzte

Zeile?

Noch nicht ganz

noch bin ich bei...

Bewusstsein
Ich öffne die Tür
Klammer auf
falle hinaus
Klammer zu
Ich kann es schaffen
schleppe mich vorwärts
ein Schritt
noch einer
der Himmel
der Himmel
ich falle in den
Pünktchen
Pünktchen
Pünktchen

Der Mann, der ein Buch war

Der Mann, der ein Buch war
stand schüchtern, hinten
abseits, schmal
im Regal

Sein Besitzer sah
einmal nur hinein
blätterte hin, blätterte um
schielte hierhin, dorthin
guckte dumm

Der Mann, der ein Buch war
war Ratgeber für einen Vorgang
für den man keinen Ratgeber braucht

Der Mann, der ein Buch war
stand in Dunkelheit und Schatten
vom Staube dicht behaucht

Auf dem Rücken des Mannes
der ein Buch war
stand der Name
eines erfolglosen Autors
und der nichtssagende Titel

Der Mann, der ein Buch war
bestand voll und ganz
aus beliebigen Worten
zu mindestens 3/3

Der Mann, der ein Buch war
war:
ein Restexemplar

Viele Bücher stehen im Regal
Verkünden was vom heil'gen Gral

Der Mann, der ein Buch ist
steht noch immer
- unvermisst -
hinten, abseits

im Egal

VII

Die Schriftgestalten
(Finale am Feuer)

Ein bibliophober Eremit
entzündet in felsigen Höhn
ein Feuer aus Geäst, aus Buch
Klavier, Papier

Und macht sich's davor bequem

Das Feuer lodert hoch
von weither ist's zu sehn

Es nehmen rund ums Feuer Platz:

Godot, Engelchen, Stehrümchen
Schwester Jesu, heiliger Geist
Platzanweiser, Sisyphos, Souffleur
Dichter, Plagiat, der Teenie mit Psychose,
Showbizman, Komödianten und Spatz

Sie finden sich ein
Zeile für Zeile
und Reim für Reim

Sie lernen sich kennen
sind schnell per du

Der Platzanweiser weist die Plätze zu

Noch ist nicht jeder Platz besetzt
Der Fluchtautor kommt angehetzt

Der Wagen steht im Halteverbot
auf halber Strecke, irgendwo

Der Schreibhals fordert:
WO IST NOCH PLATZ??!!
Na, bei Godot...

Sie sitzen ums Feuer
hinter ihnen: ein Höhleneingang

Es steigen herauf: Klage
Gemurre, Geläster, Gesang

Sie sehen einander an
Was wird das hier?

Ach, wie schön kann brennen doch
Schönschrift auf Papier

Sisyphos kommt schweißgebadet an
Der gute Mann mit seinem Brocken

lässt sich ächzend nieder
zu denen, die schon hocken

Er spricht: Das ist der Stein
den ich von euren Herzen nehme

Er hat den Stein gesprengt
kleine Krümel für einen jeden mitgebracht

verteilt sie
wie der Pfarrer Gottes Leib
während der heiligen Eucharistie

Der Mann, der ein Buch war
hat sich am Feuer leicht versengt

Sie alle sind von Leserblicken leicht versehrt
Augen sahen auf sie nieder
Was ist schon eines Wortes Wert?

Der Showbizman deklamiert
und holt mit großer Geste aus

Als alles schweigt
spendet er sich selbst Applaus

Hier haben sich die Richtigen gefunden

Und ein Tiger schleicht umher
und zieht im Kreis seine Runden

In schönster Schriftgestalt
sitzen sie beisammen
an diesem wunderlichen Ort

Der Spatz tschilpt dem Dichter zu:
Worüber denkst du nach?

Darüber verlier ich, sagt dieser
kein Wort!

Das Plagiat spricht von
der Liebe zum Original

Der bibliophobe Mann
von sprichwörtlicher Qual

Schwester Jesu schweigt
Sie sitzt nur still und schön
ist Konkurrenz fürs Feuer
in das sie alle sehn

Das kleine Genie
spuckt abgenutzte Worte
in den kleinen Brand
da tanzen, springen, zucken sie

Engelchen und Komödianten
erzählen sich an des Feuers Hitze
grausame, pointenlose Witze

Der Denker kriecht aus seiner Stirn
wirft in das Feuer Bröckchen Hirn

Der Souffleur flüstert dem Mann
der ein Buch war, zu:
Das Feuer sehnt sich nach dir
Ich hör es raunen, du

Der Teenie mit Psychose sieht im Feuer
Spukgesichter toben

Im Tal sieht man das Feuer oben
Dem Sommelier steigen Rußpartikel
hinauf in sein Organ
Er macht sich schniefend auf den Weg
stets der Nase nach

Wohlan!

-

In dieser Nacht hab ich sie zusammengebracht
hab sie entfacht, das Feuer erdacht

Sieh! Wie sie das Feuer umringen

Du hörst sie tuscheln und plärren
es geht ihnen gut, sie tanzen und singen

So sitzen sie, sehen einander
von Angesicht zu Angesicht

nur die unten
in der Höhle, im Gleichnis
die sehen sie nicht

Stunden, Seiten später
das Feuer ist längst aus:

Noch hallt im Gebirge wie Echo
der vom Showbizman sich
selbst ge-   spen-   dete

noch immer nicht
ge-   en-   dete
Applaus

Der analphabetische Maulwurf
gräbt sich nach oben
an einstige Feuerstätte

Noch riecht es hier ein wenig verbrannt

Es weht nicht mal mehr der heilige Geist
Der Ort ist leer, verlassen, vergessen

Nur Stehrümchen steht noch rum

Was gerade noch stand
Buch, Schrift und Gedichte
erdacht und hingeschmiert
ist jetzt schon Geschichte

und in dieses Buch gebannt

Der Sommelier hat's abgefüllt
zwischen zwei Deckeln
und dir serviert

Und du hast's gefressen

Aus der Höhle: Geschnarche
kein Kettenrasselklang

Es tanzen keine Schatten mehr
auf dunkler Wand entlang

Der Maulwurf befühlt
mit seinen Schaufeln
die Asche, wühlt durch
verkohlte Buchstabenreste

Was blieb von Feuer
Finale und Feste?

Er schreibt in die Asche
unkenntliche Zeichen

Worte, die jenen gleichen
die...

Da stößt mit Gewalt
in die Asche der Wind

Der Maulwurf sieht nichts mehr
und wär er's nicht schon
so würd er jetzt blind

In der Höhle ist's still nun
so still wie im Grab

Der Maulwurf zuckt
mit den Schultern

und taucht wieder ab

-

Du legst das Buch beiseite
und schmunzelst verhalten

Du darfst mich jederzeit
erneut in Händen halten

Ein jedes Wort
ward für dich
erwählt und auserkoren

Du legst das Buch beiseite
und hörst sie
noch immer rumoren

Jetzt sag ich auch nicht mehr

außer vielleicht:

prego!

bitte sehr